Der kluge Ziegenbock

ein bulgarisches Märchen

aufgeschrieben
von Angel Karalijtschew
und illustriert
von Volker Pfüller

Der Kinderbuchverlag Berlin

**An einem heißen Sommertag
jagte der Gevatter Fuchs
einem langohrigen Hasen nach**

**und verfolgte ihn
bis zum Brunnen im Garten.**

Als sie dort ankamen, nahm der Hase einen Anlauf und flog wie ein Vogel über den Brunnen hinweg.

Der Fuchs entschloß sich im Augenblick, ebenfalls den Hasensprung zu wagen,

aber anstatt auf der anderen Seite zu landen, plumpste er in den Brunnen hinein.

Der war tief, und der Fuchs kam nicht wieder heraus. Er stand bis an den Hals im kalten Wasser und fing schon an zu zittern.

Da tauchte vom Wald her der bärtige Ziegenbock auf, der Schlaukopf.

Er kam zu dem Brunnen, wackelte mit dem Bart und wiegte die Hörner.

„Was machst du denn da?"
fragte er und beugte sich
in den Brunnen.

„Ich nehme ein Bad in dem kühlen Wasser. Ich bin mit dem Gärtner befreundet; und die Sonne brennt ja so heiß", erwiderte der Fuchs.

„Ist das Wasser angenehm zum Baden?" wollte der Bock wissen. „Ist es nicht zu naß?"

„Wunderbar ist es!"
rief der Fuchs
und tauchte den Kopf unter.

„Ich möchte auch hinunterspringen", sagte der Bock.

„Spring nur, doch vorsichtig, daß du das Brunnenwasser nicht trübst!"

**Der bärtige Ziegenbock stürzte
sich kopfüber hinab
und platschte ins Wasser.**

Gevatter Fuchs schrie auf: „Ei, ei, ei! Du hast mich ganz beschmutzt! Meinen schönen Pelz hast du mit Schlamm bespritzt! Springt man denn so?"

„Wie denn sonst?"
fragte der Ziegenbock.

„Ich will es dir zeigen,
wenn du mir hilfst,
aus dem Brunnen zu klettern.
Stell dich auf die Hinterbeine!"

Der Ziegenbock richtete sich auf.

Gevatter Fuchs stieg ihm auf den Rücken, dann auf die Hörner und sprang aus dem Brunnen heraus.

„Leb wohl, du Dummkopf!"
rief er und winkte mit der Pfote.

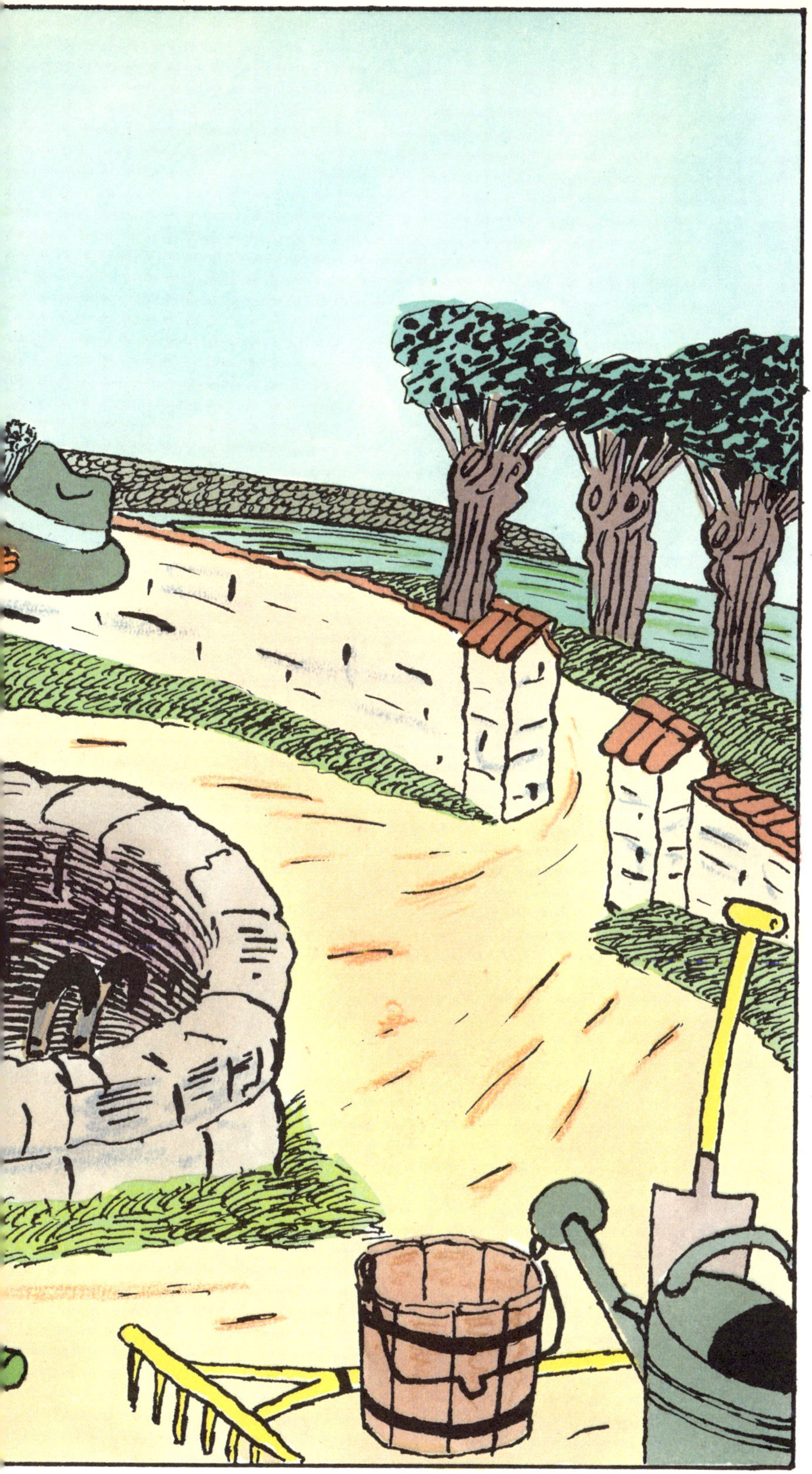

„Was soll das, ich bin ein kluger Kopf!" erwiderte der Ziegenbock gekränkt.

„Wenn du ein kluger Kopf wärst, säßest du jetzt nicht in dem Brunnen!" rief der Gevatter Fuchs und lief davon.

Der Ziegenbock aber stand in dem Brunnen und blieb darin drei Tage.

**Am vierten Tag kam der Gärtner,
warf ihm einen Strick
über die Hörner
und zog ihn heraus.**

1. Auflage 1986
© DER KINDERBUCHVERLAG BERLIN – DDR 1986
© Angel Karalijtschew
Übersetzung aus dem Bulgarischen von Hartmut Herboth
Lizenz-Nr. 304-270/14/86-(20)
Gesamtherstellung: Grafischer Großbetrieb Sachsendruck Plauen
LSV 7777
Bestell-Nr. 632 413 1
00620

ISBN 3-358-00724-3